ИЕРАРХИЯ ПОТРЕБНОСТЕЙ МАСЛОУ

Получите важную информацию о том, как мотивировать людей

50MINUTES.com

ИЕРАРХИЯ ПОТРЕБНОСТЕЙ МАСЛОУ

Получите важную информацию о том, как мотивировать людей

написанный Pierre Pichère
в переводе Nastia Abramov

50MINUTES.com

ИЕРАРХИЯ ПОТРЕБНОСТЕЙ МАСЛОУ

ИЕРАРХИЯ ПОТРЕБНОСТЕЙ МАСЛОУ

КЛЮЧЕВАЯ ИНФОРМАЦИЯ

- **Название:** Иерархия потребностей Маслоу, Пирамида потребностей Маслоу.

- **Применение:** психология и социальные науки (для категоризации и определения приоритетов индивидуальных потребностей), маркетинг и менеджмент.

- **Почему она успешна?** Это динамичное визуальное представление потребностей, включающее как физиологические, так и духовные аспекты.

- **Ключевые слова:** психология, потребности, Маслоу, пирамида.

Введение

Экономическая наука — это распределение ограниченных ресурсов в соответствии с бесконечными потребностями, мотивами и ожиданиями людей. Но как определить потребности? Именно это и пытается сделать пирамида, разработанная американским психологом Абрахамом Гарольдом Маслоу (1908-1970).

История

Начиная с 1940-х годов, Маслоу вместе с Карлом Роджерсом (психолог, 1902-1987) представил новый подход к гуманистической психологии. В своих работах Маслоу изучал структуру человеческих потребностей. Его читатели и сторонники позже формализовали его тезисы в виде пирамиды.

Существует пять уровней потребностей:

- физиологические потребности

- требования безопасности

- потребность в признании

- потребность в самоуважении

- потребность в самоактуализации.

Каждая из этих категорий соответствует человеческой деятельности. Эта модель широко используется в экономике и в корпоративном мире, особенно в маркетинге и менеджменте. В конце данного исследования мы рассмотрим, как экономический сектор использует эту модель на примере пищевой промышленности.

Определение модели

Пирамида потребностей, также называемая пирамидой Маслоу, предлагает модель для определения потребностей человека, от самых основных функций (еда, сон и т.д.) до более удовлетворяющих (самосовершенствование, занятия искусством или спортом и т.д.). Маслоу был психологом, но его модель, представленная в виде пирамиды, используется в экономике и бизнесе. Она предлагает простой и эффективный способ определения различных потребностей, при условии, что они рассматриваются как единое целое, а не как последовательные этапы.

ТЕОРИЯ

Микроэкономика, естественно, касается условий, которые приводят к рыночному обмену. Пирамида Маслоу располагается впереди этих выводов, прямо у истоков спроса: потребностей.

ПЯТЬ УРОВНЕЙ ПОТРЕБНОСТЕЙ

Уровень за уровнем Маслоу объединяет различные человеческие потребности. Он напрямую упоминает не форму пирамиды, а иерархию важности: как только удовлетворяется одна семья, сразу же появляются другие потребности. Поскольку иерархия потребностей Маслоу охватывает множество областей, в том числе и личностное развитие, для понимания сути концепции полезно использовать термины, используемые самим автором.

- Первый уровень – это уровень **физиологических потребностей**. Еда, питье, сон, дыхание и т.д. – все это функции, связанные с выживанием человека. Поскольку это основные, жизненно важные потребности, они, очевидно, являются самыми важными: они, безусловно, превосходят потребности в безопасности, самоуважении и т.д.

- Далее, **потребности в безопасности**. Вы можете сразу подумать о физической неприкосновенности, но эта категория этим не ограничивается – зашита от краж и повреждений также относится к этой категории. Маслоу утверждает, что потребности в безопасности заставляют людей отдавать предпочтение знакомому, а не неизвестному.

- Когда эти два типа потребностей удовлетворены, появляются потребности, связанные с любовью, привязанностью или социальными отношениями (**потребность принадлежать**). Эта третья категория учитывает социальную природу человека.

- Это ведет к четвертому уровню пирамиды – **потребности в уважении или признании**. Эта категория относится к потребностям, связанным со статусом, работой, властью и деньгами, которые определяют нас в обществе.

- Наконец, на вершине пирамиды находится **потребность в личных достижениях**. Если потребности нижних уровней зависят от восприятия других людей, то потребности на вершине пирамиды связаны с развитием личности человека. Согласно Маслоу, эти потребности могут принимать любую форму, если только они соответствуют индивидуальным желаниям человека. Другими словами, если я, например, хочу стать врачом, то потребность, связанная с тем, чтобы стать врачом, например, потребность знать, как работает человеческое тело, появляется автоматически.

Согласно теории Маслоу, вы должны удовлетворить потребности каждого уровня, прежде чем переходить на следующий. Будет ли кто-то опасаться за сохранность своего имущества, если ему нечего есть? Будет ли кто-то заботиться о своих социальных связях, когда на него нападает группа мародеров? Что хорошего в признании других людей без интеграции в социальную группу? И насколько реализованным может чувствовать себя человек без хорошей самооценки? Таким образом, это динамическая модель, а не строго иерархическое представление.

Маслоу рассматривает индивидуальное развитие в перспективе, предполагая, что люди всегда стремятся к хорошему качеству жизни. В действительности потребности не одинаковы для всех, и они также меняются с течением времени. Более того, в зависимости от людей и обстоятельств могут возникать другие виды потребностей с разной степенью важности, которые сосуществуют наряду с теми, что представлены в пирамиде.

ПОТРЕБНОСТИ: ОТ ЭКОНОМИКИ ДО МАРКЕТИНГА

По сравнению с многочисленными потребностями, связанными с социальными отношениями и людьми, потребность в доступных товарах кажется очень ограниченной. Однако экономические рассуждения больше интересуются полезностью – то есть функцией дополнительной единицы товара для потребителя – чем потребностью, не ставя во главу угла сами товары.

Анализ потребностей больше относится к маркетингу и менеджменту. Потребности в основном изучаются на уровне компании и ее позиционирования на рынке. Психологи согласны с тем, что экзистенциальные и базовые потребности относительно ограничены, но всегда существует потребность – рассматриваемая как недостаток или желание – в продукте со стороны потребителя.

Маркетологи знают об этом и постоянно ссылаются на знаменитую пирамиду Маслоу. Помещение продукта или услуги в пирамиду заставляет нас рассматривать и разрабатывать стратегии запуска, которые иногда бывают очень разнообразными. Например, мы не стали бы продвигать на рынок основной продукт как образец высоких технологий. Также возможно, что продукт или услуга удовлетворяют различные уровни потребностей; тогда необходимо адаптировать сообщение в соответствии с целевыми потребителями.

ОГРАНИЧЕНИЯ И РАСШИРЕНИЯ

ОГРАНИЧЕНИЯ И КРИТИКА

Как и все классические теории в социальных науках, пирамида потребностей стала предметом критической интерпретации. Выделяется несколько слабых сторон модели, хотя некоторые из них противоречат друг другу:

- **Отсутствие нюансов в иерархии потребностей.** Некоторые естественные функции важнее других. Вы можете не есть несколько дней, но перестать дышать только на несколько минут.

- **Сомнительная иерархия.** Она не учитывает тот факт, что люди — социальные существа. Неужели потребность в еде может быть поставлена выше поддержания человеческих отношений или самосовершенствования? Без еды человек не может выжить. Без достаточного общения с другими людьми психическое состояние человека будет ухудшаться, доводя его до безумия или даже самоубийства.

- **Этноцентризм модели.** Все исследования проводились на западных популяциях, что привело к подходу, применимому только к богатым, развитым цивилизациям.

За исключением последнего пункта, критика, связанная с отсутствием или избытком иерархии, на самом деле относится больше к использованию теории Маслоу, чем к самой теории. На самом деле, форма пирамиды не фигурирует в работе Маслоу и скрывает динамическое движение, которое он предусматривал между различными потребностями.

Предельное использование в сфере общественных услуг

Использование пирамиды Маслоу в экономике остается довольно ограниченным. Невозможно проанализировать определение цен в зависимости от уровня потребностей. Применение больше связано с предельной полезностью блага (как показали экономисты Леон Вальрас (1834-1910), Уильям Стэнли Джевонс (1835-1882) и Карл Менгер (1840-1921) в [19] веке), которая представляет собой удовлетворение, обеспечиваемое дополнительной единицей, а не ее уровнем в пирамиде Маслоу.

Помните, что пирамида Маслоу — это не классификация всех потребностей и желаний экономических агентов, а пятиступенчатая модель самореализации человека. При таком рассмотрении эта пирамида может служить опорой для вмешательства общественных субъектов в экономику: регулирование производства продуктов питания и защита качества воздуха (физиологические потребности), обеспечение правопорядка (потребности в безопасности), обеспечение социализации детей, особенно в школе (любовь и принадлежность) и т.д. Сложнее рассмотреть ответ на два верхних уровня пирамиды. Общественное вещание, высшее образование и инвестиции в культуру, возможно, можно понимать как коллективный ответ на потребности в самореализации и признании со стороны других.

СВЯЗАННЫЕ МОДЕЛИ И РАСШИРЕНИЯ

Теория потребностей Хендерсона

Были предложены и другие модели, включая модель, разработанную Вирджинией Хендерсон (американская медсестра, 1897-1996), которая определяет 14 потребностей, представленных в виде сетки. Эта модель широко используется в медицинском мире. Тем не менее, дополнительный вклад этой модели не ясен. Все выявленные категории попадают в пять основных категорий пирамиды Маслоу. Кроме того, если ограничения этой модели сразу же очевидны, трудно обосновать эту новую классификацию.

Теория ERG

В 1969 году американский психолог Клейтон Альдерфер (родился в 1940 году) представил теорию ERG (Existence, Relatedness and Growth), которая фактически является более сжатой версией пирамиды Маслоу. Вместо пяти уровней теория ERG выделяет три: потребности существования (еда, одежда, безопасность и т.д.), потребности родства (быть связанным с другими людьми) и потребности роста (развитие, творчество, ощущение жизни, самооценка и т.д.). Альдерфер не ставил перед собой задачу изменить категории Маслоу. По его мнению, человек должен удовлетворять эти потребности одновременно, а не одну за другой, поднимаясь по уровням пирамиды. Если потребности роста не удовлетворены, это повлияет на социальное поведение и основные функции, такие как сон и прием пищи. По мнению психолога, динамика потребностей более всеобъемлющая, чем в модели Маслоу. Его модель оказалась особенно успешной в области менеджмента и психологии труда.

ПРАКТИЧЕСКОЕ ПРИМЕНЕНИЕ

Как мы видели, пирамида Маслоу имеет свое наиболее конкретное экономическое применение в маркетинге. Неудивительно, что все больше и больше моделей из психологии используются в маркетинговых целях, поскольку концепция маркетинга основана на понимании и предвидении поведения потребителей.

ПРОДУКТЫ И ПОТРЕБНОСТИ

Вместо того чтобы придерживаться классификации каждого продукта или услуги по уровням пирамиды, лучше посмотреть, какая операция может удовлетворить наибольшее количество потребностей.

Продукт, потребность

Самое основное применение – это определение уровня пирамиды, на котором находится продукт или услуга, которую вы хотите продвигать на рынке: продукты питания и основные гигиенические услуги находятся на нижнем уровне, культурные продукты – на верхнем. Эта классификация кажется чрезвычайно примитивной, но она имеет смысл. Организация полок супермаркетов показывает это, так как продукты в них распределены по категориям в соответствии с их типом и использованием.

Самые простые продукты часто являются частью этого процесса. Это особенно верно для основных продуктов питания. Пакеты макарон или картофеля покрывают только первый уровень пирамиды: они предназначены для питания. Но этой стратегии редко бывает достаточно самой по себе. Помните, что пирамида Маслоу динамична, и хороший запуск продукта или услуги должен удовлетворять максимальное количество потребностей.

Маркетинг с помощью пирамиды

Разработка предложения для потребителей связана с ориентацией на все уровни пирамиды.

Чтобы полностью понять эту теорию, необходимо определить потребности в их современном контексте. В обществе появились новые функции, которых не существовало во времена Маслоу ([20-й] век). Например, если кто-то переезжал в 1950-х годах, он не стал бы ехать так быстро или так далеко, как сегодня: семьи были ближе друг к другу, а дом обычно находился рядом с местом работы. Помимо целей досуга, потребность в путешествиях можно рассматривать как физиологическую потребность, поскольку она позволяет человеку зарабатывать на жизнь, ходя на работу, или поддерживать эмоциональные отношения, навещая друзей и родственников.

Автомобиль является отличным примером стратегии, развивающейся в рамках пирамиды. Наименее дорогие модели ограничиваются базовыми функциями, в то время как более дорогие модели сочетают в себе престиж и комфорт. Во всех случаях этот вид товара затрагивает несколько уровней пирамиды: физиологическая потребность в передвижении, необходимость избегать автомобилей, которые известны своей ненадежностью, принадлежность к сообществу водителей, чьи автомобили принадлежат к одной конкретной, известной марке, и (для наиболее продвинутых моделей) удовлетворение от обладания дорогим, роскошным товаром.

Поэтому маркетинг пытается установить стратегию удовлетворения более высоких уровней пирамиды с помощью продуктов, которые, как кажется, в основном удовлетворяют первый уровень потребностей. Он также обеспечивает противоположную функцию, хотя это сложнее. Когда продукт или услуга предназначены для повышения самооценки или развития личности, бренд может сосредоточиться и подчеркнуть физиологические и безопасные аспекты покупки, чтобы привлечь наибольшее количество потребителей к покупке продукта. Подумайте о косметике, где брендинг переключается между сияющей красотой (четвертый и пятый уровни) и уходом за собой, поддержанием кожи и тела, что относится к физиологическим потребностям и потребностям безопасности.

Маркетинг и потребность в любви и принадлежности

А как насчет третьего уровня пирамиды? Кажется нелепым представлять себе продукты, которые могли бы удовлетворить потребность в любви. Маслоу относит к этой категории узы дружбы или любви, которые трудно удовлетворить на рынке (хотя успех сайтов знакомств показывает, что в этом вопросе есть место для посредников), а также членство в социальных группах.

В течение долгого времени маркетинг играл на престиже продукта, чтобы побудить потребителя купить его. С конца [19] века социолог и экономист Торстейн Веблен (1857-1929) выявил предвзятость в модели homo economicus.

 ДОПОЛНИТЕЛЬНАЯ ИНФОРМАЦИЯ: HOMO ECONOMICUS

Концепция экономического человека, homo economicus на латыни, отражает теоретическое поведение людей. Основываясь на этом абстрактном представлении, теоретики в различных областях думают о потенциальных взаимодействиях между изображенным здесь человеком и концепциями, которые они разрабатывают.

Конечно, мы максимизируем полезность того, что покупаем, но подражание и даже снобизм не исключены из наших решений. Этот анализ является продолжением концепции, разработанной французским социологом Пьером Бурдье (1930-2002): наши социальные практики, а значит и покупки, часто отвечают желанию выделиться среди сверстников, подражая практикам высших социальных классов. Приобретая товар (автомобиль, духи и т.д.), потребитель также может удовлетворить свою потребность в социальном признании.

Хотя это не новая тенденция, она приобретает особую силу при развитии множественной идентичности и общественных связей, которые поддерживаются, если не инициируются, информационно-коммуникационными технологиями, особенно социальными сетями. Некоторые бренды отлично играют на чувстве принадлежности, связанном с простым владением продуктом. Вспомните, как компания Apple создала сообщество пользователей с 1980-х годов: начав с микрокосма графических дизайнеров и профессионалов в области изображения, это сообщество, членами которого считают себя многие пользователи, выросло в геометрической прогрессии благодаря массозому рынку и маркетингу своих флагманских продуктов (iPhone, iPad и т.д.). Facebook, Twitter и все социальные сети также используют эту стратегию и опираются на чувство принадлежности, которое в данном случае лежит в основе их бизнес-модели, с преимуществом бесплатного финансирования за счет рекламы.

ТЕМАТИЧЕСКОЕ ИССЛЕДОВАНИЕ – ПИЩЕВАЯ ПРОМЫШЛЕННОСТЬ

Наконец, давайте более подробно рассмотрим один из секторов экономики: пищевую промышленность. Этот сектор особенно хорошо разработан для удовлетворения всех уровней пирамиды и продолжения разработки более инновационных продуктов.

Продукты питания для кормления

Конечно, пищевая промышленность удовлетворяет физиологическую потребность: потребность в еде. Нет необходимости останавливаться на этом аспекте, разве что подчеркнуть, что ценность промышленного сектора остается ограниченной, если он удовлетворяет только одну строгую потребность. Для того чтобы расти, цепочка создания стоимости также включает в себя множество различных целей, помимо простого удовлетворения голода.

Пища для защиты

Пищевая промышленность также построена на безопасности. Благодаря нормам, регулирующим производство продуктов, промышленность обязана предлагать более сертифицированные продукты питания, чем старые кустарные производители (однако, следует отметить, что этот аргумент был действителен на момент развития, но сейчас кустарные продукты также подчиняются строгим гигиеническим стандартам). В свое время домашнее консервирование подвергало многие семьи риску заболевания ботулизмом (вид пищевого отравления с серьезными последствиями), что не представляло опасности при промышленном консервировании.

Сегодня появился второй уровень безопасности, поскольку производители инвестировали в нишу "функциональных продуктов питания", также известных как нутрицевтики. Маргарин с пониженным содержанием холестерина, обогащенное молоко (способствующее росту детей), злаки, помогающие пищеварению, или минеральная вода, укрепляющая иммунную систему, – все это процветает в супермаркетах. Их заявления о пользе для здоровья также все более строго контролируются.

Еда для общения

Еда, особенно в западном мире, глубоко укоренилась в нашей культуре. Трапеза – это источник общения и время для совместного времяпрепровождения. Промышленные поставщики, естественно, воспользовались возможностью предложить продукты, которые удовлетворяют эту потребность в принадлежности и социальных связях. Вот три примера, которые относятся к этой категории:

- "традиционные" готовые блюда, которые претендуют на возрождение традиций и приближают потребителя к кулинарной самобытности своей страны;

- праздничные и инновационные продукты в качестве закусок или десертов, которые создают определенную атмосферу праздника;

- крупные бренды с различными продуктами для различных целевых рынков, особенно те, продукция которых основана на детстве, которые пересекают поколения и фокусируются на том, что вкус продуктов является общей идентичностью для всех, кто их потребляет, создавая преемственность между родителями и детьми (Nutella, Haribo, Kinder, Banania и т.д.).

Развитие халяльных, кошерных и азиатских отделов в супермаркетах также соответствует аспекту идентичности продуктов питания, помогая иммигрантскому населению поддерживать связь с родной культурой через покупку продуктов питания.

Пища для выражения ценностей

Совсем недавно пищевая промышленность обратилась к вопросу ценностей, на этот раз не обязательно в экономическом смысле. После одновременного появления крупных торговых сетей и индустриализации пищевой промышленности возникло множество вопросов, на которые нужно было ответить. Беспокойство по поводу ГМО, кризис коровьего бешенства 1990-х годов, за которым последовал спор о гормонах в говядине, последовательные кампании по борьбе с ожирением и избытком сахара в продуктах питания привели к тому, что потребители захотели получить дополнительные объяснения. Экологическая осведомленность и поиск отличительных особенностей в глобализированном мире усилили эти ожидания.

Именно эта потребность в принадлежности и ценности привела к появлению этикеток, названий и других ориентиров, которые распространились в продовольственном секторе. 'Органическое земледелие', 'справедливая торговля' и 'региональные продукты' стали ярлыками, которые мы постоянно видим на полках магазинов. Они предоставляют информацию о качестве или происхождении продуктов питания, а также информацию об условиях производства. Сферы очень широки: оплата труда местных работников, отказ от использования пестицидов, соблюдение древних кулинарных традиций и т.д. Каждый волен выбирать продукты по своему вкусу, если только этикетка соответствует его ценностям.

Пища для развития личности

Наконец, еда — и, следовательно, пищевая промышленность — также отражает верхний уровень пирамиды, а именно самореализацию и удовлетворение потребностей личности.

Продукты высокого класса, такие как великолепные марочные вина, ремесленный кофе, изысканный шоколад или редкие сорта чая, радуют потребителей не только простой потребностью утолить голод или жажду. Гастрономия, если не искусство, то уж точно ремесло, которое удовлетворяет потребность потребителя в удовлетворении. Это, безусловно, воплощают великие повара или пекари, но это также находит выход в пищевой промышленности.

Предоставление потребителям простой возможности самим выполнить часть рецепта может также удовлетворить потребность в достижении цели. Именно поэтому промышленность предлагает наборы для приготовления блинов или тортов, а также множество готовых продуктов для приготовления "домашних блюд", позволяя потребителям помочь в их приготовлении и тем самым давая им возможность проявить свои творческие способности.

РЕЗЮМЕ

- Пирамида потребностей предлагает модель из пяти уровней, которые классифицируют человеческие потребности.

- Эта динамическая модель подробно описывает пять последовательных шагов, необходимых для развития человека: физиологические потребности, чувство безопасности, признание, самоуважение и достижение.

- Теоретически разработанная американским психологом Абрахамом Маслоу, она редко использовалась в экономике, поскольку ничего не говорит о конкретном развитии спроса, т.е. превращении желания клиента в покупку.

- Хотя ее простота подвергается критике, она по-прежнему является сильной стороной модели. Пирамида широко используется в маркетинге, так как позиционирование продукта или услуги в пирамиде, при попытке, если возможно, удовлетворить потребности на нескольких уровнях, приводит к разработке соответствующей стратегии.

ДАЛЬНЕЙШЕЕ ЧТЕНИЕ

БИБЛИОГРАФИЯ

Бушики, Х., Сердин, Ж-Л., Дорнье, П-П., Эсно, Б., Ле Нагард-Ассаяг, Э. и Моттис, Н. (2001) *Приглашение к управлению*. Париж: Presses universitaires de France.

Fenouillet, F. (Без даты) Modèle hiérarchique des besoins. *Мотивация, концепция головоломки*. [Online]. [Accessed 5 May 2014]. Available from: <http://www.lesmotivations. net/spip.php?article40>.

Жакмен, А., Тулкенс, Х. и Мерсье, П. (2000) *Фонды политической экономики*. [3rd edition]. Брюссель: Университет Бок.

Lambin, J.-J. and Moerloose, C. (2012) *Marketing stratégique et opérationnel*. [8th edition]. Париж: DUNOD.

Маслоу, А. (2003) *Devenir le meilleur de soi-même: besoins fondamentaux, motivations et personnalité*. Paris: Eyrolles.

Миас, Л. (без даты) Маслоу, Хендерсон, соинс. *Papidoc*. [Online]. [Accessed 5 May 2014]. Available from: <http:// papidoc.chic-cm.fr/573MaslowBesoins.html>.

IMPROVE YOUR GENERAL KNOWLEDGE

IN THE BLINK OF AN EYE!

Мастер ISBN: 9782808601344

Бумажный ISBN: 9782808602792

Легальный депозит: D/2022/12603/280

Цифровое оформление: Primento,
цифровой партнер издателей.